Jannys KOMBILA
Melissa KOMBILA

EFFLUVE DE LYS ET MELANCOLIE

Jannys KOMBILA
Melissa KOMBILA

EFFLUVE DE LYS ET MELANCOLIE

© 2012, Jannys Kombila & Melissa Kombila
Edition : BoD - Books on Demand
12/14 rond-point des Champs Elysées
75008 Paris
Imprimé par BoD - Books on Demand, Norderstedt, Allemagne
ISBN : 9782810624225
Dépôt légal : juin 2012

« La mélancolie est un crépuscule. La souffrance s'y fond dans une sombre joie. La mélancolie c'est le bonheur d'être triste. »

Victor Hugo.
Les travailleurs de la mer (1866)

«Mon amour, voilà éclot la fleur de ton ensemencement et sur les jardins fertiles de tes sentiments elle s'épanouit à chaque lever matinal de cet amour sans cesse proclamé… »

Jannys KOMBILA.

PREFACE

Comme une exhortation ce spicilège de textes lyriques nous dépeint l'écho de l'âme ulcérée.
Cette affliction qui élève le poète et le submerge d'affectivité, d'impressionnabilité.
Sustente sa plume ensoleillée et vient caresser l'auréole de sa diaphanéité.
C'est dépêtrer de l'âme en désolation les petites fêlures qui nous pèsent comme du sang grumelé.
Un parfum de mélancolie, un roseau d'amertume, une nausée de douleur, une invite, une fulmination de pensées et de sentiments carmins.
Dans cet épanchement il y a l'amour qui vient rasséréner l'âme en trouble du poète, un amour de jour coruscant, embrasé tel un feu de nuit Dévorant la noirceur et les peines qui ressuscitent l'anxiété.
Est-ce un désir de dire, de crier, d'éructer un tourment, un mal, un état pâle, un spleen, un ras le bol de toutes ces fioritures et fientes de ce monde qui nous chantent les mêmes ritournelles, les mêmes rengaines tonitruantes…

Jannys KOMBILA

ET SI TU M'ATTENDAIS…

J'ai déversé les cendres
De notre amour sur
Le bleu séraphique
Des océans dépeuplés
Les vents inaltérés
Ont préservé un peu
De leur parfum acariâtre
Il ne me reste de toi que
Les clichés en phobie
Ces troubles notes
Qui me chantent en larme
Tes yeux hypocoristiques
Et si tu m'attendais…
Près des fleurs de promesses
Encense nos derniers baisers
Et les émotions sirupeuses
De mes caresses sans cesse
Affriolantes et rosacées
C'est après les rêves
Que j'ai perdu ma flamme
Une escarbille sur mon cœur
Brûlant encore après l'ondée
J'ai hanté ta vie désormais
Tu hantes mes envies
Mais où vont défraîchir
Les affectivités qui ne guérissent
Pas des blessures d'amour
Et voilà que je tue mes pensées

Du sang de passion sur ta poitrine
Ma divine ! C'est ton corps
Qui me ressuscitera quand
Mourront mes sentiments
Après que les femmes me
Témoigneront leur chasteté
Et si tu m'attendais…
Demain tardera à se lever
Mais près de ta fenêtre
Accompagne le chant de l'aurore.

Jannys KOMBILA

EMOTION PERLE

Quand s'immolent les désirs
Les sentiments deviennent
Exhalaison mélancolique
Au creux de tes mains
J'ai laissé un parchemin
Sur ces mots j'ai couché
Un peu de mon désarroi
Comment te quitter sans
Te rendre une équité féale
Il nous a manqué l'euphonie
A l'heure où s'évadaient
Les sensations dernières
Et mes doigts sur tes lèvres
Et nos rires en tendresse
Et ce beau soupir sur ma peau
Effleurant tous mes friselis
Aube s'éveillant avec mes rêves
C'est ton étrangéité qui m'a séduit
De cet amour au couleur d'or
Je partirais loin de tes yeux
Pour ne pas embrasser ton chagrin.

Jannys KOMBILA

APRES L'AMOUR…

Que nous reste- il
Après l'amour ?
Voilà le jour…
Déjà qui s'en va
Mes larmes encore
Patentes tombent
En pluie chagrine
Sur ses cheveux
Un parfum frisquet
Seul je me témoigne
De mon chant morose
Et demain qui viendra
Vers moi m'essuyer
Les dernières émotions
Quand s'envole au soir
La mélancolique folie
De ces amours qui
Partent et reviennent
De ces douleurs qui
Meurent et ressuscitent
Qui viendra m'aimer
Sans sentiments rissolés
Toucher mes lèvres
Cicatrisées et alanguies
Apprendre à sourire
À mon cœur pansé
Quand les feux
Nous brûlent au-dedans

Sans flammes ivoirines
Sans âme indure
Un baiser resté
À jamais accroché
Dans mes souvenirs
En jérémiades
Une image d'elle
En lumière d'humeur
Ce visage de printemps
D'amour en fleur d'éclat
Quand sonnent les ultimes
Cloches d'église
Que nous reste-il
Après l'amour ?
Le son de sa voix
La chaleur de ses doigts
Le frémissement froid
Le gémissement roi
Là- bas il n'y a pas de vie
On se perd dans les voyages
On garde comme seul espoir
Cette unique photo
En promesse d'étoile
Quand nous invitent
Les pollens de désuétude
A danser avec toutes
Nos émotions tristes

Il reste un peu d'elle
En moi un peu d'ailes
Pour m'envoler et partir
Pleurer loin des regards
Oublier qu'ici quand
On aime on meurt
Et pourquoi croire
Encore aux infidèles
Inclinations qui nous
Crucifient sans choix
Une douleur concave
Comme une pendule
Qui nous rappelle
Le temps inconsolable
Des idylles obscurcies
Voici le lac de l'oubli
J'y plonge sans
Mes belles images
Sans mon bonheur
Dans son regard

Que nous reste-il
Après l'amour ?
Quand les souvenirs
S'agrippent et meurent
Avec nos dernières
Larmes écarlates…

Jannys KOMBILA

MES REVES ME CHANTENT TON CORPS...

Une nuit amène
Courtisant mon réveil
Dans mon sommeil
Ce beau soleil de toi
Me hantant à pas feutré
Me chantant à voix outrée
Me reprochant de t'avoir
Quitté pour ce destin voilé
Comme la nuit
Je me tais
Comme l'ennui
Je me plais
Mais ton silence
Résonne dans mon cœur
Car j'ai encore un peu
De la sève concave
De nos ébats suaves
 Le ciel à ton visage
Quand l'amour m'invite
Aux hymnes étincelants
D'étoiles peignant
Ton triste regard effaré
Il me revient des ombres
De sentiments en crachin
 Non ! Ce ne sont pas
Mes larmes éplorées
C'est mon bonheur bariolé
Cette nuit mes pensées

Ont déchiré le vélum
Et j'ai vu tes lèvres
Ta bouche salvatrice
Dans ce fol orgasme
Déclamé en rime
De jouissance
Toi ma cavité
Où se libère mon
Effervescence
Ton corps en spectre
Me fait violence
Possède- moi
En ultime attrait
C'est à ton corps que
Je louerais une prière
C'est profond l'amour
C'est au fond cette voûte
Qui nous délivre des
Torpeurs, des peurs
Des heurts de vie
Qui restent à l'envie
Ma langue s'inclinant
Au seuil de tes seins
Et mes doigts redessinant
Les flancs de ton séant
Libère-toi du démon
Charnel, mon âme
A toi, se livre à nu

Condamne- moi à t'aimer
La nuit ne dure qu'un rêve
Que dirais-je à mon cœur
Au réveil quand au matin
Ton corps ne sera plus là…

Jannys KOMBILA

L'OMBRE DE TON ABSENCE…

Voilà que le silence
Depuis ton départ
A terni mes sentiments
Je cherche dans les tiroirs
De mes pensées suaves
Une dernière image de toi
Couchée sur ma tendresse
J'ai perdu le parfum de
Tes cheveux basanés
La douceur de tes lèvres
De ferveur m'enchantant
Reviens- moi en crachin
De sensations pour consoler
Mon âme éperdue et fébrile
Tu as apporté à mon cœur
Bonheur et équanimité
Je garde de toi l'amour
Passion, cette escarbille
Emoustillante qui me
Procurait tant de délectation
Où es-tu, que deviens-tu ?
Mes jours ont la couleur
De mon oblong chagrin
Et mes rêves de toi s'effacent
Dans les profondeurs
Des nuits harassées…

Jannys KOMBILA

UNE PORTE RESTEE ENTROUVERTE…

Comme il m'est
Difficile de t'oublier
Comme il m'est
Interdit de t'aimer
Et dire que c'est
La bruine qui nous a unis
Et lire que c'est
La brune qui nous a punis
Quand les bourrasques
Emportent les cœurs
Détruisent les idylles et
Condamnent l'amour
Disons- nous adieu
Sans taire nos sentiments
Disons- nous à deux que
Nos larmes sont nos armes
Partons à présent ressusciter
Nos mélodies, nos palinodies
Nos fourrures en dorures
A l'ombre des nuits froides
Et cette bouloche enlacée
Câlinant ma belle déprime
Et ce chagrin en sourire
De péronnelle éclopée

Quêtant ma mansuétude
Chassant fiel et solitude
Le soir sifflote toujours
Cet air baroque me disant
Que peut- être
Tu n'es jamais partie
Que peut- être
Tu ne m'as jamais trahi
Que peut- être
Je n'ai pas compris
Que l'amour n'a qu'une étoile
Mais pourquoi alors
J'ai longtemps erré
Mais pourquoi à mort
J'ai autant pleuré
Si mes pensées sont ineptes
Je veux me réveiller
Et croire que tout
N'était que fiction
Comme ce baiser de
Friction sur mon cou enclos

C'est vrai, je t'ai tout donné
C'est faux, je t'ai pardonné
A présent tu peux revenir
Mais attends que la vie le décide…

Jannys KOMBILA

LONGTEMPS JE T'AI CHERCHE…

O mon amie…
Ma fleur ravie.
Se dessine dans
Tes yeux la romance
Des amours grisées
C'est à ton cœur que
Je voudrais faire
Serment et offrir
A ta dilection inusitée
La chaleur d'une
Aspiration à te blairer
T'aimer sans t'ignorer
T'aimer sans joie timorée
T'aimer en tiare dorée
O mon amie…
Ma lueur paradis
C'est à ta beauté
Que je la dois
C'est par ton natif
Que je la vois
Au pied de ton estime
J'ai déposé ce buddleia
Empreint de sentiments
En caresse d'émotion violine
C'est à la nuit que
Je chante mon amour
C'est au jour que
Je cache ma solitude

Quand mon cœur patelin
Flâne dans les jardins
De colombes désenchantées
O mon amie…
Me permets- tu
De t'appeler amour
Car vers toi je voudrais
Voler sans espérer ôter
Mes ailes d'inclination
Et me poser en placidité
Près de tes rêves en désarroi
Près de tes lèvres soyeuses
En froidure de déchirure
Et t'embrasser pour te dire
Enfin que c'est toi que
J'ai longtemps cherché…
O mon amie…
Il est temps de s'aimer
Il est temps d'espérer
Il est temps de semer …
Une fragrance d'amour
Aussi pure que l'air
Opalin des beaux jours.

Jannys KOMBILA

COMME UN ROSEAU DE REGRET…

Elle m'avait dit que
J'étais son fanal d'or
Elle m'avait dit que
J'étais son nimbe d'orle
Comme l'amour a fané
Comme l'envie a flâné
C'était à son cœur de pleurer
Sur les scories de trahisons
Quand les âmes déçues
Élucubrent des brumes virginales
Comme le temps est bien bilieux
Et le vent s'arrachant la vie
Rendant l'âme sur les charmilles
Crie à ses oaristys sa neurasthénie
Est-ce, ce même amour qui
Me chantait des mélopées moirées
Quand sonnaient les clarines au midi
Des bluettes atemporelles
Est-ce dans tes yeux jaspés
Que scintillait l'empyrée des élus
Au potron- minet des phantasmes
Amour fou, amour doux

Sur les rivières érodées
Où nous avions épuré nos
Sentiments jadis zélateurs
Tout se meurt en cantilène
Les foliations chamarrées
Les espérances psalmodiées
Les rêves aux perles enchantées
Les rires des émotions gardées
Et notre amour, dans les flots, floculé…

Jannys KOMBILA

MELANCOLIQUES PENSEES

Demande à la nuit
Si les rêves nous taisent
Les sourires du destin
Demande à l'ennui
Si la solitude nous pèse
L'âme clairsemée
Demande au vent qui fuit
Où dort le temps des amours
Demande au soleil qui luit
Où meurent les hirondelles
En saison de dégrisement
C'est à l'ombre de ta douceur
Que j'ai déposé mon amertume
Une pastorale à la vieille liqueur
Des baisers séchés noués
Dans les alpages au chant de freux
Mon amour je l'ai ensemencé
Labourant les émotions arides
De mes sentiments ont fleuri
Les pétales à la brunante nimbée
Qui de nous a perdu son voile
Qui de nous a terni notre églogue
C'est par ce vieux chemin
Que l'automne est arrivé
Dépouillant à mon cœur
Les derniers rayons de soleil

C'est si sombre une rupture
C'est si abscons une blessure
Redemande à la nuit
Si les rêves nous taisent
L'espoir qui se fie au destin…

Jannys KOMBILA

INSTANT DESIRE…

Il manquait
Juste à nos yeux
Un peu de
Clarté vermeille
T'ai-je séduit
Fleur interdite
Comme m'enchante
Ta douce haleine
A la cannelle ouatée
Ce frêle frisson à
L'envie éthiopique
Me caressant du
Regard en désir vierge
Qui cèdera au
Caprice du vice
Ma chair te veut
Sans voile énoncé
Chapelant ton
Hésitation à me lacérer
La bouche, couche
En moi, touche mes doigts
Et reste en émoi pieux
Ardeur dompte ma pudeur

Dicte- moi tes prières
Et fais dos dévoilé
A la Mecque, délivrons- nous
Du poids de la sensualité et
Disons- nous qu'un jour
Nous nous lèverons ensemble
Avant le cri du muezzin.

Jannys KOMBILA.

LOIN DE TOUT…

C'est ici que
Nous aurions vécu
Loin de tout…
Sur les sublimités
Près des montagnes
Cachant au monde des
Hommes notre amour
C'est ici que
Nous aurions reçu
Loin de tout…
Les célestes voix
Près des prières
Offrant à notre
Destinée les cendres
Guillerettes de nos
Passions assouvies
Emotions d'amour
Brûlant en rime
De dévotion oblation
À la vie je t'aimerai
A la mort je te lèguerai
Cœur et âme

C'est ici que
Nous aurions contemplé
Loin de tout…
La naissance des
Rêves près du ciel
Le soir à la lueur constellée
Nos yeux chantant nos vœux
Nos lèvres en danse de fièvre
Amis, amant, amour
Promis avant le jour…

Jannys KOMBILA

OUBLIE MES DERNIERES PROMESSES

C'est à ton image
Que j'ai souhaité
Redécouvrir nos joies
Il a fallu que le temps
Fasse de nos rêves
Une belle illusion éburnéenne
En émotion
J'ai aimé te contempler
En désir
J'ai espéré te câliner
En amour
J'ai voulu m'offrir à toi
Mais la vie trop indue
Et ces visions infatuées
Cachant en crachin
L'idéale destinée
Fallait-il que nous
Nous étreignîmes
Comme deux feux
Se liant à l'amour
Pacsant nos cœurs
À l'infinie alliance
Mon cœur séraphique
Oublie mes dernières promesses

A vie je chanterai
Mon chagrin
A tort je sourirai
À mon destin
Je ramasserai toutes
Les feuilles mortes
Quand l'automne s'en ira
Et je les enterrerai près
De ma belle mélancolie.

Jannys KOMBILA

… SI PROCHES

Nous étions si proches
Comme ces rayons de trop
S'énamourant en douce
Lumière d'émoi euphorique
C'était le versant rêvé
C'était l'amour chanté
Toi et moi regards glabres
Toi et moi visages fables
Nous étions si proches
Comme ces couchers de soleils
Dodelinant nos sentiments
En teinte vermeille de bonheur
C'était l'envie effleurée
C'était l'amour panaché
Toi et moi affections comblées
Toi et moi caresses lénifiées
Nous étions si proches
Comme le jour et la nuit
S'abhorrant en chemin inhérent
Eclipse de vie mon être en toi

C'était le doute dévoilé
C'était le ciel décoloré
Toi et moi larmes et rupture
Toi et moi douleurs et fêlures
Nous étions si proches
Comme ces faux adieux
Et nous nous promîmes
Que sur les hayons perdus
De l'amour on se retrouvera…

Jannys KOMBILA

MON DERNIER SOUPIR…

Il ne me reste plus qu'une
Larme pour te pleurer
Il ne me reste plus qu'une
Image de toi pour t'effacer
Il ne me reste plus qu'un
Sourire pour te retenir
Il ne me reste plus qu'un
Brin de sentiment pour espérer
Il ne me reste plus qu'un autre
Chagrin pour te quitter à jamais
Partir, oui, mais où ?
Aimer, oui, mais qui ?
Choisir, oui, mais quoi ?
Mourir, oui, mais quand ?
J'ai cru en ta douceur
Quand me chantaient
 Tes yeux aux rivières
De lumière enjouée
Il faisait ce temps comme
Dans les Edens de sérénité
J'ai prié sans dévotion
Les mains en délivrance
Le regard en complainte
J'ai supplié les angelots

Et les gardiens des amours
Infinies qui célèbrent les idylles
Mais hélas le soleil avait
Déjà asséché nos souvenirs
Tout s'envolait en air morose
Nos baisers de naguère
En fresque pariétale
Nos rêves sur ces cimes
Perdues cherchant la
Couleur du vrai bonheur
Il ne me reste plus qu'une
Larme pour te pleurer
Il ne me reste plus qu'une
Image de toi pour t'effacer
Il ne me reste plus qu'un
Sourire pour te retenir
Il ne me reste plus qu'un
Brin de sentiment pour espérer
Il ne me reste plus qu'un autre
Chagrin pour te quitter à jamais

Partir, oui, mais où ?
Aimer, oui, mais qui ?
Choisir, oui, mais quoi ?
Mourir, oui, mais quand ?

Jannys KOMBILA

SINISTRE VIE

Assit sur son existence
Elle quêtait sa destinée
La lassitude dessinait
Une brume d'amertume
Les oiseaux mourraient
Dans le nid du ciel bleuté
Elle attendait seulement
Un signe un appel une voix
Déchirant le ventre de l'attente
La tristesse lui arrachait
Son charme de jouvence
Elle sanglotait avec douceur
Quelques flots sur son image
Et la vie lui souriant passait
Sans lui porter consolation
Déprimée elle dégorgeait
Les yeux blessés cramoisis
Bénissant le vent lénifiant
Elle qui n'avait connu que
Souffrance à sa naissance
Attendait que sonne l'horloge
Des élus, des déchus, des …

Jannys KOMBILA

A mon adorable époux Jannys KOMBILA
Merci pour ce témoignage constant d'amour florissant
Me voilà en quête de cette émotivité près de tes pas je marche éprouvée. Tiens- moi la main car le chemin est casuel.
Melissa KOMBILA

J'AI ATTENDU L'AMOUR …

J'ai attendu l'amour
Comme une pluie de bonheur
Tombant sur mon cœur esseulé
J'ai attendu l'amour
Comme une fleur éclose
Recevant les rayons de soleil
J'ai attendu l'amour
Comme un éternel sourire
Resplendissant sur mon visage
J'ai attendu l'amour
Comme ces rêves plaisants
Me comblant de plaisirs infinis
J'ai attendu l'amour
Comme un mage une nuit d'été
Me réveillant dans mon espérance
Il était là près de ma joie en ivresse
M'embrassant en tendresse d'ange
Murmurant à mon oreille
Qu'il m'aimera jusqu'à la fin
Des aubes éternelles.

Melissa KOMBILA

A L'AUTOMNE

A l'automne j'ai vu
Pleurer les arbres
Sans douleur d'yeux
Sans couleur ténébreuse
Ils pleuraient en pluie
De bonheur de gaieté
Ils pleuraient la renaissance
Des feuilles envolées
Des feuillées éplorées
Il passait un air de grande
Affliction des nuits froides
Des journées sans soleil
Des soirs sans coucher
De lumière à l'horizon
La vie palissait
Elle perdait un peu de tout
De sa beauté au matin
De sa douceur dans le vent
De sa clarté éblouissante
Au midi des soupirs
Elle perdait sa chaleur.

Melissa KOMBILA

DEMAIN…

Demain sera meilleur
Dans ces taudis perdus
Dans ces quartiers paumés
Dans ces rires en misère criée
Dans ces pleurs d'enfants
Affamés et souffrants
Dans ces marchés insalubres
Où pataugent pauvreté et cruauté
Demain sera meilleure
Loin des manifestations politiques
Loin des trompeurs et bonimenteurs
Loin des discours d'autocratie
Loin des richesses dilapidées
Poussant le peuple à la mendicité
Loin de cette nonchalance de tous.
Demain sera meilleur
Dans l'espoir et le combat
Loin des militaires qui tirent sur leur nation.

Melissa KOMBILA

PERE MIEN

Adulte j'ai compris
Combien tu as peiné
Ces années de jeunesse
En souvenir de bonheur
Tu nous as tout donné
Même ton honneur
Comme cet acte où
L'on t'a cru délictueux
Mais mon amour pour
L'homme que tu es
Dans ces remous de vie
Reste un récif inébranlable
Père mien de toi je retiens
La loyauté qui nous guide
Le choix raisonnable
Qui nous construit et
Ouvre dans notre destinée
Les portes du chant d'allégresse
Akéwa* ! Père mien.

Melissa KOMBILA

*Merci. En langue omyènè du Gabon.

MON ENFANT

A l'heure je t'ai conçue
Cette joie partagée en
Larmes je l'ai reçue
Mon sein t'a donné affection
Et ce regard de moi si près
De ton visage en tendresse
Je voyais de toi l'enfant élu
Je couchais à ton sommeil
Un baiser d'émotion grande
Mais il me fallait partir
Donner à notre vie un ciel
Mais il me fallait tenir
Loin de toi en nostalgie fébrile
C'est pour toi que je luttais
C'est pour toi que je tenais
Dans le froid glacial et rude
Dans la souffrance d'être perdue
Et voilà que tu me retrouvas
Dans cette famille nouvelle
De l'amour de tes frères nés
Tu m'as apporté mépris et haine
Douleur, tracas et peine

Tu as renié ma douceur maternelle
Pour toi j'étais l'étrangère mère
Et tu es partie sans te retourner
Vers cette famille d'accueil et
J'ai vu dans mon regard triste
Des larmes de sang d'un rêve brisé

Melissa KOMBILA

MANDJI

Mandji berceau
De mon enfance
Mandji me voilà
Nostalgique de toi
J'ai gardé en image
Mes petites journées
Ensoleillées et ravies
Petite fille évaporée
Grimpant en hâte
Sur les hauts manguiers
Petite fille énamouré
Dansant aux airs
Des rythmes de jeunesse
Le sourire en camaraderie
L'innocence en flânerie
Mandji berceau
De mon enfance
Mandji me voilà
Nostalgique de toi
Et la vie coulant
Et les amourettes
Blessantes tout
N'était pas que soleil
J'ai eu mes joies
Mais aussi mes fardeaux

Melissa KOMBILA

O NOSTALGIE

O nostalgie !
Un départ comme
Une douce mélancolie
Laissant famille
Amis belle patrie
Je suis nostalgique
De ces souvenirs
Qui me dévorent
L'âme et blâme
Mon existence
Je suis nostalgique
De cette éducation
Rocambolesque actuelle
Qui blesse ma chair
Maternelle
Je suis nostalgique
De ces moments
Perdus près des nôtres
De cette chaleur
Familiale rompue

Je suis nostalgique
De cette vie renoncée
A la quête d'un mieux être
Dans cette vision mûre
D'un âtre en ouvrage
Je suis nostalgique
Mais sans repentir
Je sers ma vie nouvelle

Melissa KOMBILA

DOULEUR DE PARTURITION

Il me paraissait dans mes rêves
Quand mes nuits longues m'invitaient
Un beau petit enfant d'un mâle râblé
Me souriant d'un amour parfait
Il me tardait de donner vie
Trois mois, la joie d'une échographie
Emotion en note d'allégresse
Cinq mois, attente et désarrois
Neuf mois, douleurs et angoisse
Nuits blafardes, contractions
Neuf mois et sept jours
Combat d'une mère pour la vie d'un fils
Combat d'un fils pour la joie d'une mère
Enfin ce cri de bonheur
Des pleurs et des larmes d'existence
Une existence de douleur
Douleur d'une tache humaine
Mon fils est né le regard ensanglanté
Pour porter au monde son combat

Melissa KOMBILA

CŒUR CHAGRIN

Un oncle s'en est allé
Une lumière
S'est éteinte
Il était un homme
Un frère un ami
Un oncle un père
Mais la vie inique
Un destin tragique
Une mort soudaine
Un rêve rompu
Un lien perdu à
Tout jamais et
Une progéniture
Laissée meurtrie
Il ne reste que le
Silence de ses rires
Les images abstruses
De ses humeurs gaies

Un oncle s'en est allé
Une lumière s'est éteinte
Des souvenirs beaux
D'un été de naguère
Vous angoissant
Comme la vie est courte
Et la mélancolie longue
Vers cette autre existence
Envoie- nous une pensée
Pour panser notre
Douloureuse tristesse

Melissa KOMBILA

CHATIMENT

Tu ne m'as jamais admise
En jouvencelle clairvoyante
Tu n'as jamais cru en moi
A ma force d'âme avertie
Pour toi j'étais toujours
La jeune fille égarée
Sans élévation sans but
La jeune demoiselle
Futile à l'esprit en trouble
Tu aurais retenu tes préjugés
Ecouter ton cœur de mère
Chasser cette émulation
Mais ta suffisance t'a obscurci
Et aujourd'hui tu me plains
De mon épanouissement
Mais garde– toi de me condamner
La vie nous offre des choix
En années incohérentes
Seuls, nous sommes face
A nos erreurs à nos écarts
Si je n'ai pas été l'enfant
De ta représentation typique
Je suis néanmoins l'épouse élue.

Melissa KOMBILA

UN AUTRE HIVER

Il a neigé ce matin
Tout est beau et blanc
Les roses rouges
Ont un éclat de pureté
La ville est comme
Une grande rivière laiteuse
Les enfants se glissent
Sur les parcs enneigés
Des boules de séracs
Dans leurs mains
Une joie une émotion
Un grand bonheur
Tout s'évanouit en gaieté
En beauté de blancheur
En humeur de candeur
La vie est différente
Mais demain tout s'effacera
Et sur les parcs sur les prés
La verdure au printemps
S'installera en lumière
Au plaisir des amours.

Melissa KOMBILA

Table des matières

Préface…………………………………………………9
Et si tu m'attendais……………………………11
Emotion perle……………………………………13
Après l'amour……………………………………14
Mes rêves me chantent ton corps……………18
L'ombre de ton absence………………………21
Une porte restée entrouverte…………………22
Longtemps je t'ai cherché……………………25
Comme un roseau de regret…………………27
Mélancoliques pensées………………………29
Instant désiré……………………………………31
Loin de tout………………………………………33
Oublie mes dernières promesses……………35
Si proches…………………………………………37
Mon dernier soupir……………………………39
Sinistre vie………………………………………42
J'ai attendu l'amour……………………………45
A l'automne………………………………………46
Demain……………………………………………47
Père mien…………………………………………48
Mon enfant………………………………………49
Mandji……………………………………………51

O Nostalgie……………………………………………52
Douleur de parturition……………………………54
Cœur chagrin………………………………………55
Châtiment……………………………………………57
Un autre hiver……………………………………..58

BIBLIOGRAPHIE : Jannys KOMBILA

1) <u>LA GRANDE PALABRE</u>. Editions EDILIVRE APARIS, Juin 2010. (Théâtre)

2) <u>ENCRE NOIRE ET PLUME BLANCHE</u>. Editions EDILIVRE APARIS, Juin 2010. (Poésie)

3<u>) Mon cœur et mes amours oniriques</u>. Editions EDILIVRE APARIS, Août 2010. (Nouvelles)

4) <u>TAM- TAM ET CHANT POETIQUE</u>. Editions EDILIVRE APARIS, Août 2010. (Poésie)

5) <u>RIMES D'ENFANT</u>. Editions BoD, Août 2010. (Poésie)

6) <u>HYBRIDE ROMANCE et La complainte de la vierge souillée</u>. Editions BoD, Août 2010. (Théâtre)

7) <u>EXALTATIONS ET LAMENTATIONS</u>. Editions BoD, Septembre 2010 (Poésie)

8) <u>A FLEUR DE TEMPS</u>. Editions Baudelaire, Septembre 2010. (Poésie)

9) <u>UNE ETOILE DE PLUS « Serge Abess »</u>. Editions BoD, Juillet 2011. (Biographie)

10) <u>BLESSURE ET BRISURE DE VIE</u>. Editions BoD, Juillet 2011. (Poésie)

11) <u>ECLATS LYRIQUES</u>. Editions BoD, Juillet 2011. (Poésie)

12) <u>LETTRES PARNASSIENNES</u>. Co auteur Rodrigue Makaya Makaya, Editions BoD, Janvier 2012. (Poésie)

13) <u>LA LAGUNE PERDUE</u>. Editions BoD, Février 2012. (Poésie)

14) <u>LA BRUNE DES GENIES.</u> Editions BoD, Mars 2012 (Roman)